FOR$_2$

FOR pleasure   FOR life

送你一首智慧的歌

生命如何真正從夢中覺醒？當曙光初現，你的心是否也亮了？

金剛經

序

《金剛經》是一部教導我們如何發起無上菩提心，直至修證成就無上菩提，圓滿成佛的經典。

當我們發起無上菩提心，就成為一位菩薩行者，因此，如何正確的發心、修行、降伏菩提心的障礙，就成為如來教授、付囑菩薩最重要的課題。《金剛經》正是一部如來如何善巧護念、付囑菩薩的經典。它不只是一部講述義理的經典，除了顯示無上的智慧知見外，更是實際禪觀的修證指導，我們依據其中的智慧見地與實修指示，必定能成證圓滿的大覺。

因此，自古以來，印度重要的佛教祖師，如無著、世親菩薩，在證解《金剛經》時，都將此經視為禪觀實證的經典，深密剖析。而《金剛經》在中國佛教，更是廣大流傳，影響深遠，幾乎人人耳熟能詳，是中國禪宗代表性的經典。

在禪宗的歷史中，達摩祖師祖初來中土，先以《楞伽經》來印證學人，教授開示禪者，而五祖弘忍大師之後，因為六祖惠能大師的因緣，以《金剛經》來傳授心要，開啓了中華禪光輝的新頁。六祖惠能大師在俗家時，以砍柴為生，與母親相依為命，有一天聽到客人讀誦《金剛經》而悟道，於是至黃梅禮五祖。後五祖於夜半為其講

授《金剛經》，至「應無所住而生其心」時，六祖言下大悟而讚歎：「何期自性本自清淨！何期自性本不生滅！何期自性本自具足！何期自性本無動搖！何期自性能生萬法！」五祖便印可之而傳其衣鉢，惠能大師即成為中國禪宗第六祖。因而，《金剛經》就成為禪宗傳承中最重要的一本經典，與中國佛教的因緣，也就連綿不斷了。

本經在中國自古以來，主要有六種譯本：

(1)姚秦三藏法師鳩摩羅什的譯本，稱為《金剛般若波羅蜜經》，也就是一般所流通使用的版本。

(2)北魏菩提流支所譯的譯本，也譯為《金剛般若波羅蜜經》。

(3)陳代真諦的譯本，名稱也是《金剛般若波羅蜜經》。

(4)隋代笈多的譯本，名為《金剛能斷般若波羅蜜經》。

(5)唐代玄奘大師所譯的，在《大般若經》卷五百七十七的〈第九能斷金剛分〉中，稱為《能斷金剛般若波羅蜜經》。

在中文裡總主要有這六種版本，而在經名上有兩種不同的意旨：一是《金剛般若波羅蜜經》；二是《能斷金剛般若波羅蜜經》。其意義上有所不同，一是堅固不壞宛如金剛一般的般若波羅蜜經；另外一種則是能斷金剛，意思是連金剛皆可斷壞的般若波羅蜜經。以上兩種說法都代表這部經是一部堅固、能破除一切迷惘、現證般若智慧的經典。

《金剛經》自古以來持誦而有所感應的事例極多，這代表了《金剛經》不只是講空而已，更是一部功德外顯、福德妙有，且能與眾生深刻感應的一部經。能為持誦、實踐者帶來莫大的功德利益！

《金剛經》的無相之相

《金剛經》一開始顯現的是一個十分平實生活化的佛，一個在舍衛國托鉢、吃飯、洗腳的佛，與許多其他的經典所描述，一開始佛便大放光明、顯大神通完全不同；這樣一個平實的佛，正顯現出金剛喻定的莊嚴，是顯現無相的平實自然。

佛陀在《金剛經》裡用語言很直接所表達的無相境界，就是「無我相、人相、眾生相、壽者相」。人、我、眾生、壽者是《金剛經》中最根本要斷的四個見，這四見是趨使我們生死輪迴的主要糾纏所在。無我相、人相、眾生相、壽者相所講的，其實是同樣的內容，但是佛陀用四個方向來探討：

(1)無我相

什麼是我相？「我」是主宰的意思。在《金剛經》裡我們要建立的第一個根本見地就是無我。我們不要相信有一個永恆不變的主宰，獨立於我身之中。如果你認為有一個獨立不變的「我」在你之中的話，這是一個錯誤的見地，這個錯誤的見地會使你輪迴，無法自

在、解脫，使你對生命做出錯誤的判斷。

(2)無人相

「人相」與「我相」的差別，在於前者是對群體的執著，後者是指個體的執著。因為我們是人、人類、人行人法，我們以為除了有我之外，還認為我是一個人，一個稱為人類的群體中的一份子，與鳥類、植物類、野獸不同的一種群體。這樣的群體意識，也是一種執著。因為「人」不過是一個假名，我們把眼、耳、鼻、舌、身、意，兩隻手、一雙腿、兩個眼睛、兩個耳朵、一個鼻子、一個嘴巴這樣的一個生命稱之為人，這是個緣起，不是一個永恆的相，更不必為此而生起優越感。我們要了知緣起，千萬不能執著。

(3)無眾生相

什麼是眾生？「眾生」比「人」的意義更廣，可泛指一切有情現象的生命。眾生是五蘊——色、受、想、行、識和合的生命，是有情、有意識、有肉身、有精神的生命。他也只是由因緣和合而生，所以我們千萬不要執著有一個真正的眾生相，如果我們一執著有一個真正的眾生相時，會隨著眾生相顛倒輪轉，輪迴生死。

(4)無壽者相

什麼是壽者？壽者是指一期生死的壽命，是指有情從出生至死亡間的時間中，過去、現在、未來的流逝。在這一期的生死當中，我們

以為此生而生，此死故滅，似乎有一個一定的相存在，但是這不過是個因緣假合。所以生與死是依我們某一期生命的觀點來看，而有生有死，但是，生死並不是確然。

在《金剛經》裡開宗明義就是要我們無我相、無人相、無眾生相、無壽者相。所以我們修學《金剛經》時，首先就要在念頭裡如此地了知，並斷除這四相——我、人、眾生、壽者相。

《金剛經》的如來觀

為了破除我們心中對相的執著，佛陀以自身作為對象來教導我們。他說：「不可以身相得見如來。」身相是什麼？就是有這個身的現象、相貌。身的表相就佛而言是具足三十二相、八十種好。我們不能以身相來見如來，就是不能以如來具足完全的身相來認定他便是佛。如果以這樣作為判斷標準的話，具足人間福德的轉輪聖王也具足三十二相，但轉輪聖王並不是佛。透過現代的生技，如果我們從佛陀的舍利採到DNA，造出「複製佛」，外表與與佛陀完全相同，這樣到底是不是佛呢？這是可以深刻思維的。

三十二相並不是用來認定佛或眾生，也不是分別眾生與佛的重要標準。相是由因緣所成，一旦你執著它，而有所認定時，它就成了障礙、凝滯、迷思。所以佛陀告訴我們：「凡所有相皆是虛妄，若見

諸相非相，即見如來。」這段開示對所有的修行者而言，十分的緊要，可做為修行的總綱核心，也是守護護我們，使我們不墮入任何迷惘、魔障的極秘心要。

「若見諸相非相，即見如來」，這裡談到的是見佛、見如來的事。所謂見佛、見如來，最徹底的「見」，就是「與佛相應、與法相應」，相應即相見。

那麼，這個佛要如何見？不得以身相來見，不得以虛妄來見，要所有相皆是虛妄。若見諸相非相，即見如來，就是在根本上要斷一切虛妄，才能見到如來。《金剛經》說：「所謂身相者，即是非身相，是名身相。」所以《金剛經》要我們斷除代表諸相的我相、人相、眾生相、壽者相，要確切的生起斷這四相的心，而且是要當下生起斷這四相的見地，所以這又回到前面所提的四相。

諸相總括為四相，換個角度而言，亦可以稱作有為法，所以經中又說「一切有為法，如夢幻泡影，如露亦如電」，用六種無常、虛幻的人間現象，來比喻有為法中諸相的虛妄不實，因為如此，所以要破之、斷之。佛陀透過「無我相、人相、眾生相、壽者相」、「不可以身相見如來」、「一切有為法，如夢幻泡影」，來破除我們心中對外相深刻的迷妄執著。

《金剛經》的空、有雙破

除了無相的見地外，《金剛經》裡還有一個非常重要的見地——破空，我們要牢牢的記住。當世尊說「若以色見我，以音聲求我，是人行邪道，不能見如來」。之後，接著馬上又說：「須菩提！汝若作是念：如來不以具足相故，得阿耨多羅三藐三菩提。須菩提！莫作是念：如來不以具足相故，得阿耨多羅三藐三菩提。須菩提！汝若作是念，發阿耨多羅三藐三菩提者，說諸法斷滅。莫作是念！何以故？發阿耨多羅三藐三菩提心者，於法不說斷滅相。」

這段話很重要，它彰顯了《金剛經》的另外一層風貌。前面所提的是建立無相來破有，而這一段卻是「破空」的很重要敘述。《金剛經》在無相、無我的見地下，卻也一再提到校量功德，因為在完全無相、破空之後，所具有的福德才是真福德、大妙用，而真福德是不可得、不可染、不可執的，但是如有不具足真福德而得成佛的話，這是無有是處的。

所以這裡很重要，說空再說有，破有又破空。如果以斷滅相來見佛，比以有為相來見佛更嚴重，所以說要破除頑空。既然前面破有，後面破無，因此雖然說「不可以三十二相得見如來」，但是如來一定是具足三十二相、八十種好的，不可能沒有三十二相、八十種好而得以成佛的。因此經典裡說：「寧起我見如山高，不起斷見

如芥子許。」為什麼？因為起了斷見，即使斷見如芥子這麼小，也能因此斷除一切如來種。我見、邪見尚可轉，但落入斷滅見則如來種斷。

禪宗祖師曾講過：「念佛一句，漱口三日；佛之一字，我不喜聞。」乍看之下會覺得這是謗佛啊！其實，這是最尊敬佛陀的表現，禪宗祖師是以真實相應來彰顯《金剛經》所說「若以色見我，以音聲求我，是人行邪道，不能見如來」的法要，他不以虛妄相見如來，而是如如實實與佛相應，如實得見如來。

在本書中，每頁摘錄了《金剛經》的經句，即使只有短短數句，其特有的解脫性文字，卻能引發我們智慧的火花，讓我們在暗夜迷惘時，能夠靈光一現，迸現智慧的燈明，照亮前程。

部分經文保留了佛陀與須菩提的對話樣貌，當佛陀對著須菩提說法時，大家可以將「須菩提」換成自己的名字，這時，我們會發現一個奇妙的現象，彷彿佛陀是對著我們善加付囑，親切地教導我們，而我們也自然走進了祇樹給孤獨園中，走進了《金剛經》。

清晨的祇園，籠罩著夢般的迷霧，當陽光漸漸照亮大地，霧散了，夢醒了。且安適地沏一壺茶，放鬆身心，仔細聆聽這首為您吟唱的智慧之歌。

the Sutra of Diamond

金剛經

如是我聞。

法會因由分第一

舍衛國祇樹給孤獨園的清晨，籠罩在矇矓的晨霧中。遠遠的草地上，一個輕靈的身影移動著，美麗的長尾，隱約地閃動著光芒。是孔雀嗎？你趕緊追上去，希望更靠近一點，確定是不是孔雀。「喀嚓！喀嚓！」你趕緊連按快門，它忽然間消失了，你拍到它迷濛的身影，但，到底是不是孔雀呢？還是不能確定。

是嗎？不是嗎？不是嗎？是嗎？

每確定一次，你就更加的確定，卻又更加的疑惑。

你不知不覺愈走愈深入森林裡。當要返回之時，這才發覺到四周竟佈滿著荊棘，寸步難行。

是嗎？不是嗎？不是嗎？是嗎？心在反覆的確認與不確定中，進入了迷霧的叢林。

一時，
佛在舍衛國祇樹給孤獨園，
與大比丘眾千二百五十人俱。

法會因由分第一

宛囀的鳥鳴，引領著你進入祇樹給孤獨園。

這是阿難。聽聞佛陀所宣說的智慧之歌，也是為你所吟唱的智慧之歌。

「一時」，是什麼時候呢？

是兩千五百年前佛陀在祇園講經的時候，或是現在你打開這本書的時候？

清晨的舍衛國，籠罩著朦朧的晨霧。陽光慢慢出來了，你也從睡夢中慢慢醒來了。夢跟醒之間有什麼關係？真的是從夢裡醒過來？或是在夢中？還是在醒中？

生命如何真正從夢中覺醒？在暗夜的迷霧中，當曙光初現，大地漸漸明亮起來，你的心是否也亮了呢？

爾時，世尊食時，著衣鉢，
入舍衛大城乞食。

法會因由分第一

在舍衛國祇樹給孤獨園，晨霧朦朧的園林，就像我們的心一樣。
陽光開始漸漸明亮了，人也醒了。當早晨覺醒時，彷彿是把雲霧
揭開了，把我們的夢境揭開了。

在清晨的曙光中，佛陀和弟子們穿著出家的袈裟，手持鉢器，寂
靜地行進著，進入舍衛大城乞食。以此來去除驕慢與貪心，並作
為眾人布施的福田。

不擇富、不嫌貧，一家一家依次乞食，維持著生命最基本的存活
條件，捨棄了欲望煩惱，專注調練身心，邁向大覺之道。

於其城中次第乞已，還至本處。
飯食訖，收衣鉢，洗足已，
敷座而坐。

法會因由分第一

美麗的祇園，早晨的空氣沁著清涼，佛陀正在步道上散步，慢慢
的走到了所居住的經堂。他手中拿著鉢，盛滿城中善信的供養。
他赤裸的雙足，從城裡走回來，沾著灰塵。一切是這麼自然、平
常。
佛陀的弟子們靜靜的將鋪在地上的衣與鉢器收拾整齊，洗淨進城
乞食沾滿塵土的雙腳，盤腿安身而坐，準備晨間的聽法修學。

時長老須菩提，在大眾中，
即從座起，
偏袒右肩，右膝著地，
合掌恭敬而白佛言……

善現啓請分第二

在大眾中，須菩提的身影，籠罩著雲霧，就像我們的生命，被包裹在濃霧中。他稍微走上前，身上還帶著一絲雲霧，陽光開始和煦地照著他。

霧要散了，他的臉漸漸明亮了，還有一點霧殘留在他的身上，他的眼睛漸漸亮了，嘴巴張開了，對佛陀說：「如來，您用最深刻、最善巧的心意守護、憶念著一切的生命！如何教導一切的生命去發掘他來就存有的，那麼慈悲、光明、覺悟的自性？」

希有世尊！
如來善護念諸菩薩，
善付囑諸菩薩！
善現啟請分第二

如來體證了一切生命本然就具有這樣光明的性質，只是眾生被煩惱的烏雲遮蔽了。現在，他要讓所有的生命去發覺本具的光明之心。

如來永遠是那麼深深刻刻的，在我們心中來教導我們，永遠的守護著我們，那麼的善巧，用最深刻的心來教導我們圓滿菩薩的所有的工作，圓滿這無上的菩薩之道。

生命是什麼？世尊佛陀啊！請您教導我們，讓我們實踐本來就具有的光明，良善、慈悲的心，讓我們發起無上菩提心，實踐菩薩之道。

世尊！善男子、善女人，
發阿耨多羅三藐三菩提心，
應云何住？云何降伏其心？
善現啟請分第二

我們發覺到了自身本具光明的心，但是這時候，你的心中有沒有疑惑？有沒有任何的不安？有沒有任何的不解？你心中知道，但是你能完全掌握你的心嗎？你的心是不是還有些許的不安？

在每一天的生活裡，你也是吃飯、走路。但你是很清楚的、如實的、自主的去過活，或者是被外在的現象來拖著走，不斷的輪轉，日復一日？

你的心中其實有著深深的疑惑，只是你不知道。

尊者須菩提，他瞭解所有的生命都是如此，但是他知道，除了佛陀之外，沒有人能夠讓我們清楚的知道。

善哉！善哉！須菩提！
如汝所說：「如來善護念諸菩薩，
善付囑諸菩薩。」
汝今諦聽，當爲汝說。

善現啓請分第二

我們每天都在過活，但是卻在迷惑中不能自覺。生命如何真正從
夢中覺醒呢？晨霧瀰漫的祇園，太陽的光明照下來，整個山河大
地變亮了，你的心是不是也跟著亮了呢？須菩提希望這明亮的陽
光能充滿在每個人心的心中，讓每一個人能夠體證，能夠覺醒。
每天清早醒來的念頭，清清晰晰明明白白的，不需要靠過去的
心、現在的心、未來的心，晚上睡覺的時候，也不用過去的心、
現在的心來睡覺，睡覺的時候睡覺，醒來的時候醒來，吃飯的時
候吃飯，上班的時候上班，工作的時候工作，歡喜的時候歡喜，
自在的時候自在，這一切都是自自在在的。
眼睛看到的，耳朵聽到的，鼻子嗅到的，舌頭嚐到的，身體碰觸
到的，心裡所想的，這一切都是感通的，但卻也是不可得的。這
時候的生命多麼快活！這就是如來的生活，也是生活中的如來。

諸菩薩摩訶薩應如是降伏其心：
所有一切眾生之類，
若卵生、若胎生、
若濕生、若化生……
大乘正宗分第三

就像你摸摸你的頭，你的頭就在這兒，你看到了，就是看到了，清清楚楚明明白白的，看到了，心都是安的。即使是沒有看到，也是「看到沒有看到」，而不是「看不到」。

這裡面不必有疑惑，即使是「沒有看到」，也只是「看到『沒有看到的』」。體悟了這個實相，宇宙中一切萬事萬物的遷化，都不會影響你的本心，你的心還是清清楚楚明明白白的，不會隨之流轉。

佛陀要教導我們的，是讓我們的心不隨著外在的遷變而受到影響。

一個菩薩發覺到他心的事實，是光明、是自覺的，這時候他所要做的事情，正是幫助其他的生命也能圓滿的覺悟。

若有色、若無色；
若有想、若無想；
若非有想非無想，
我皆令入無餘涅槃而滅度之。

大乘正宗分第三

這些生命並不只有人類，還包括了各種存有的型態的生命，不管是卵生、胎生，或是在溼地中所化生，無論是任何一種型態出生的生命，我們都要幫助他們，進入最究竟、最圓滿的覺悟。

那是沒有疑惑，沒有混雜，完全清楚明白，最安適自在的生命境界，幫助他們超越一切的紛擾，一切的對立，完全安住在最究竟光明覺悟之中。

然而，當我們這樣子幫助所有的眾生，卻不執著有眾生可度，超越了所有的困惑、所有的迷惘、所有的對立、所有的紛擾，安住在最圓滿的覺悟。

如是滅度無量無數無邊眾生，
實無眾生得滅度者。

大乘正宗分第三

什麼是覺悟？沒有覺悟的人，沒有被覺悟的客體，也沒有覺悟這個事情，因為它是你原本的心。所以，在這當下，你要降伏的是什麼心？你要超越的是什麼心？你要超越的就是你認為有任何的眾生、有任何的生命是被你幫助的。

事實上，根本就沒有這回事，因為這一切萬事萬物，它的體性根本是虛幻的，沒有任何真實的生命，可以讓我們幫助它超越，只是在迷惑的世界裡面有這些現象，當它超越了、覺悟了，它會發覺到它本身是虛幻的，超越者、被超越者及超越的方法，種種修行的過程，都是如幻的。

須菩提！
若菩薩有我相、人相、眾生相、
壽者相，即非菩薩。

大乘正宗分第三

所以，須菩提啊！一個真正發起願幫助所有的生命，讓他們成為圓滿的覺悟的菩薩，如果執著有自己存在、執著有他人存在，執著有眾生存在，或是執著有生命相續，所有關於一切從自我所衍化的執著，如果一個菩薩有這些執著，就不能成為一個真正的菩薩，也不能真正幫助其他生命到達圓滿覺悟，因為他自己也在疑惑當中。

救度眾生，很多人誤以為自己是在岸上救度眾生，是一種上對下的救濟，事實上並非如此。我們是和眾生站在同一條陣線上的，是大家互相扶持走上岸的，而不是站在岸上說：「我來救度你！」

即使佛陀跟你相處，你也會感覺佛陀和你是一掛的。我們和佛陀的差別，只是在於「覺」與「不覺」。

須菩提！菩薩於法，
應無所住行於布施。

大乘正宗分第三

菩薩的四攝法：布施、愛語、利行、同事，這四者是一切菩薩行的指導原則。

布施，是指布施財物、布施法，及布施無畏。

愛語，是一種鼓勵，是從外在的布施，進入比更深層的心靈層次，讓人產生信心，也是一種心靈的布施，這是布施愛語的真意。

利行，是幫助眾生從內在的力量，進而產生行動力。

同事，是讓他感覺你跟他完全是一掛的，一起到達到彼岸，成就圓滿。

不能體會菩薩行的核心精神，就會變成是一種高高在上的救濟行為，不是真正的菩薩行。「菩薩」的意思就是「覺有情」，在覺悟眾生的過程中，我們的生命也同時圓滿。

所謂不住色布施，
不住聲、香、味、觸、法布施。

大乘正宗分第三

一個覺者的生命，和一個迷妄的眾生，有什麼不同？

他們的生活沒有什麼差別，一樣吃飯、睡覺、走路，只是迷惑和不迷惑而已。

迷惑的眾生與覺悟的覺者，在法界中的流行中都是一樣的無常，覺者體證了這個實相而無所執，眾生則對這種幻影本身執為實有。

迷妄的人無知，他緊緊地執取，堅持說這是真的，不是幻影。

一個覺悟者，看得清清楚楚，知道這是幻影。

須菩提！
菩薩應如是布施，不住於相。
何以故？若菩薩不住相布施，
其福德不可思量。

大乘正宗分第三

覺悟者與迷妄者之間的不同，只在一個知道無常是真實的，一個
不知道它是真實的。但是，這兩者在事實上有什麼差別呢？同樣
是夢幻泡影，從來沒有什麼差別。如果從來沒有差別過，怎麼會
有高低階級的差別呢？

高低階位的差別，只是一種源於尊敬所自然形成的現象而已，而
不是一種本然、不變的本質，只是相互間自然而然的一種尊敬，
或一種軌則的運作，像風的吹拂、水的流動，他自然形成的一種
狀況而已，這裡面沒有尊者與劣者之分，兩者都是平等的，同樣
是無常的事實存有。

「須菩提！於意云何？可以身相見如來不？」「不也，世尊！不可以身相得見如來。何以故？如來所說身相，即非身相。」

如理實見分第五

為什麼佛陀能具足各種廣大力用，而眾生則被煩惱所困，無力脫出？我們其實和佛陀具有同等的力量，只是佛陀覺悟了，他能從體性上生起大作用，而我們在迷妄中，不知道如何用而已。這只是「用」的差別已，在體性上並無差別。所以，佛跟眾生怎麼可能有差別呢？

一個覺悟者，怎麼會認為「我是一個覺悟的人」呢？

如果這樣想的話，他還是在迷妄當中。

凡所有相皆是虛妄。
若見諸相非相，則見如來。

如理實見分第五

悟者了知萬法如夢幻泡影，所以從一切痛苦、喜樂中，完全解
脫、自在。他的生命的一切障礙消融了，他徹底的自由了。勉強
說是喜悅，其實是自然而已，無所謂喜悅或不喜悅。他只是從一
切之中得到自在，但是也沒有一個叫做「自在」的東西。他就是
如是，就是這樣，恰如其分，不多不少，稱為「如來」。

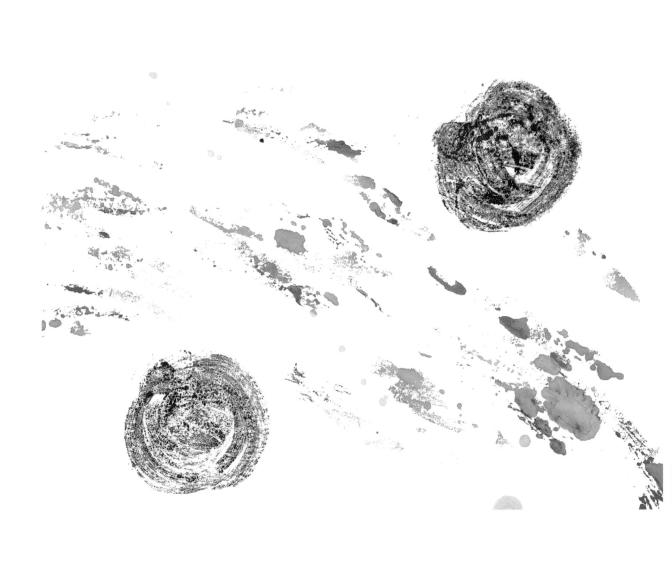

是諸眾生，若心取相，
則爲著我、人、眾生、壽者。

正信希有分第六

對眾生而言，佛是覺者。什麼是覺者？也沒有一個覺者可得。
什麼是歡喜？歡喜是你本來很苦，現在不苦而已。
不苦不樂，不執一切，就是這樣自自在在而已，此即如來。

若取法相，
即著我、人、眾生、壽者。

正信希有分第六

如何是眾生？眾生，是在沒有痛苦當中，執著迷幻、執著幻影，所以他在這種不生不滅，在無可殺、無可屈辱、沒辦法相互侵奪、沒有辦法得到什麼、沒有辦法偷、沒有辦法盜、沒有辦法做任何善惡諸事的狀況裡，他做了這些事情，他雖然沒有得到什麼，因為這一切都是幻化的，如水中月不可取著。但是這裡面，他為了得到他的喜悅，而做了很多未來會招致痛苦的行為，所以他將來也會因此得到讓自己痛苦的果報。其實，這一切都是幻影，一切都是他自己做的惡夢，而每一個在此因緣中的人，都同樣在一起參與，積極造作的集體惡夢。

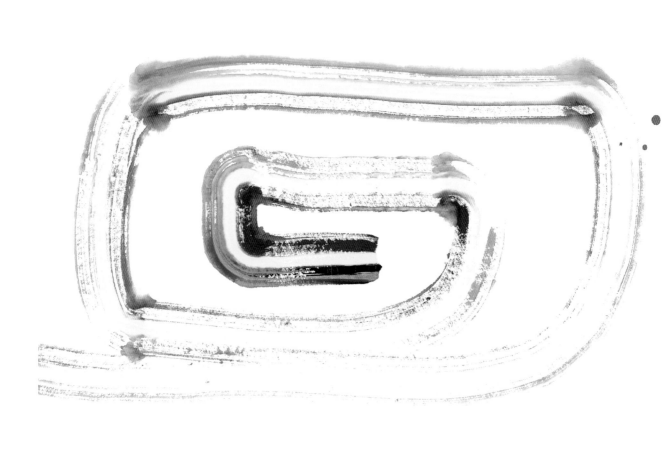

若取非法相，
即著我、人、眾生、壽者。

正信希有分第六

惡夢醒了，就是醒了而已。

誰醒了？這惡夢干他何事？雖然迷妄的人們還是繼續在做惡夢，但那只是惡夢而已，沒有什麼不變的真實。所以，眾生只是迷妄而已，而非劣於如來。

眾生與佛陀是平等的，劣於如來的是迷惑。但，苦和迷惑也是無常的，所以，有什麼優劣可言？

如來也是無常，眾生也是無常，有何優劣之別的呢？

平等的心境，是法界中一個絕對的真實，它就是一個事實而已，整個法界中為什麼那麼現實、那麼流動、那麼如實？為什麼十方三世是同時炳現的？時間是什麼？時間之流、空間之流，相互綜攝，它看起來就是那麼如實，那麼的如常，所以在《華嚴經》說，是法住法位，世間相常住。都是如是的真實。

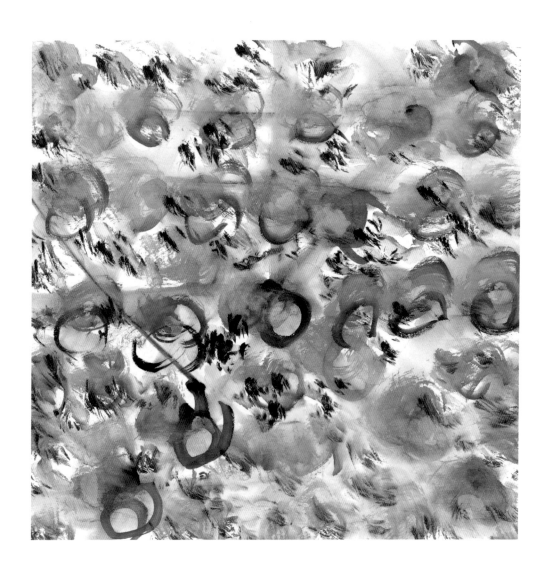

是故不應取法，不應取非法。

正信希有分第六

什麼是心、時間和空間？現代社會看起來時間精準，然而我們將時間、空間，切割分配得再清楚，這會讓生活更好嗎？

什麼是生活得更好，這是很值得探討的。

先來看看原始時代，人類的壽命比較短，住在山洞裡面，天氣如果太冷，可能會被凍死。一天中花少許時間去打獵，有所斬獲時，一天就得到溫飽。

這樣的日子過得如何？你說這叫苦嗎？在那種狀況下，那叫「自然」。

然而，現代人可能會想，「啊！原始時代的人，是活得那麼低劣」，事實上，如果我們和遠古時代的人類，面臨相同的生存環境，到底何者會活得更久？這是很有趣的問題。

汝等比丘！
知我說法如筏喻者，
法尚應捨，何況非法？

正信希有分第六

對於任何的智慧，或任何讓你產生智慧的方法，這一切都沒有什麼好執著的，因為智慧是在面對萬事萬物時，當下了知它是虛幻不實的，而不是擁有一個智慧來看待東西的虛幻不實。

你不必要用一個「空」印章，蓋在所有的東西上，來代表你有智慧。不必戴上「智慧」的眼鏡來看東西，也不要把任何的東西蓋上「虛幻」的名詞。因為你認為它虛幻，是你認為它虛幻，還是它真的虛幻？宇宙萬象是現成的虛幻，和「你認為」或是「不認為」無關。

你發現了這個事實，你就有了智慧。你有了智慧，就不需要再用智慧來看東西。你看到了虛幻，這就是你的智慧。所以每一個都是當下的現成圓滿的。所以你不會擁有一個智慧，或是一個智慧的方法。

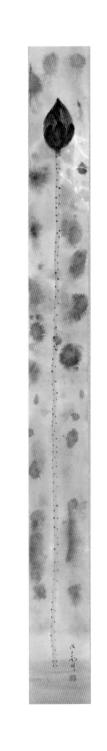

須菩提！於意云何？
如來得阿耨多羅三藐三菩提耶？
如來有所説法耶？

無得無説分第七

一切智慧的方法，當你獲得了智慧，這些方法就把它捨去吧！
更何況那些不是朝向智慧的方法！

一切虛幻的萬物，不要執著，把它捨去！更何況是那些認為這些
萬物是真實的，這些虛妄的觀念。

所以，什麼是如來？如來，如果在原始時代，即使是山頂洞人，
他也可以活得是如來。兩千五百年前，印度的如來，有阿難作為
侍者，如果是山頂洞人的如來，沒有阿難承侍，也可以找一隻狼
承侍，有一位狼侍者。如果狼不乖會咬他，他就不用狼侍者，自
己在樹上獨居，也是如來。

當然他也可以長期入定，但是經常入定，把大家嚇著了也不好。
他不一定要住在屋子裡，只是露宿在林中，容易被野獸侵擾。所
以，佛陀除了苦行的時期之外，他成道之後，都是住在屋子裡
的，睡覺時是躺在床上的。他和我們一樣會吃飯、上廁所，還有
洗腳。

無有定法名阿耨多羅三藐三菩提，亦無有定法如來可說。

無得無說分第七

我們看到佛陀是如此平實地生活著。早晨，他穿上僧衣，步行進入城中托鉢乞食，回來時用過早餐，將鋪地的衣和盛飯的鉢收起整理好，把雙腳洗淨。他沒有用神通飛到城裡吃飯，而是和你我一樣平常。

一般人對神通有著迷思，一個覺悟者非常瞭解這點，所以只有在特別的因緣中，才會示現神通，在平常的狀況中，就隨順生活常態。我不知道佛陀在現代會不會帶手機，但是他肯定知道怎麼打電話。

外星球的如來，使用的可能是更高的科技產品，然而，高科技的佛陀跟低科技的佛陀，原始時代的佛陀跟超太空時代的佛陀，他們的覺悟沒有差別。

覺悟本身非關外在環境，而是在於心是否解脫。

何以故？如來所說法，皆不可取、不可說，非法非非法，所以者何？一切賢聖皆以無爲法而有差別。

無得無説分第七

原始時代的佛陀會如何？當時人類可能很稀少，野獸比人還多。如果在他要講法的時候，忽然之間，一隻老虎出現了，所有的人都嚇得跑光了，沒有人聽法，他就對老虎講法。

現在的佛陀會如何？如果佛陀生活在現代，他一定不會赤腳。因為現在的馬路比古代的馬路髒多了，路上的玻璃等會刺傷腳的東西太多了，而且現代的柏油路那麼熱，赤腳踏下去容易受傷，所以佛陀現在出門會穿鞋子，不再赤腳，這是很自然的。

當佛陀要去其他的地方，也是搭乘交通工具，不會用神通前往，不需要使用神通時，他是不會示現神通的。搭船或是搭飛機抵達目的地，這是很自然的事情，也是生活中的一部分，人不會因為會飛而更高貴，也不會因為不能走路而更低賤。

「須菩提！於意云何？須陀洹能作是念，我得須陀洹果不？」須菩提言：「不也。世尊！何以故？須陀洹名爲入流，而無所入，不入色、聲、香、味、觸、法，是名須陀洹。」

一相無相分第九

我們看到很多佛像，有各式各樣的形態，到底站立的佛像是佛，或是坐的是佛，或是臥的是佛？有的人會執著如來一定是這樣子，或一定是那樣子。

什麼是佛陀、什麼是如來？「如」，如萬物本然，沒有一個東西可以執著，這就是真實，這個就是實相，這個就是實際，這個就是法性。所有的名詞施設不過是在告訴你，一切事情就是這樣，不多不少，沒有一個是可以執著的，這就是清淨的實相。你的心從這裡生起，面對萬物，以無所著的心靈運作，你就是如來。

你在這樣的狀況裡面，來而去，去而來，自自在在的周遊，這就是如來、就是如去。

「須菩提！於意云何？斯陀含能作是念：我得斯陀含果不？」須菩提言：「不也！世尊！何以故？斯陀含名一往來，而實無往來，是名斯陀含。」

一相無相分第九

你對一切現象，一切山河大地、一切的萬象，所有的色、聲、香、味、觸、法，所有的現象、所有的不是現象、所有的法、所有的非法、乃至一切的分別都消失了，你遠離了一切分別相、遠離了一切造作，遠離了一切分別。

就像一顆芭蕉樹，當你將它的葉子一片片的剝開，剝落到最後，它的中心是空的。你剝離這一切，不受這一切所控制，你從裡面得到了完全的自由，遠離一切相，是從一切相中完全的遠離，圓滿的得到究竟的自由，這就是如來。

「須菩提！於意云何？阿那含能作是念：我得阿那含果不？」須菩提言：「不也！世尊！何以故？阿那含名爲不來而實無來，是故名阿那含。」

一相無相分第九

如來就是「如」，所以如來在一切處都是如來，沒有任何黏滯，在一切處都是圓滿美好的顯現。所以，對萬事萬物，你都沒有執著，全體放下，這時候只有清楚，只有明白，只有自在，只有解脫，只有圓滿，連這個自在圓滿解脫都不需要了。即使是你要有所得的心，也是不可得的，「能得的」不可得，「所得的」不可得，連「得」這件事情，這一切都是不可得的，都是如的。

「須菩提！於意云何？阿羅漢能作是念：我得阿羅漢道不？」須菩提言：「不也。世尊！何以故？實無有法名阿羅漢。世尊！若阿羅漢作是念：我得阿羅漢道，即為著我、人、眾生、壽者。」

一相無相分第九

當你達到最圓滿最究竟的覺悟，就不需要頂戴著圓滿究竟的覺悟，因為你在任何一切的時候都是圓滿究竟的覺悟，沒有時間、沒有空間、沒有萬事萬物的種種差別，也沒有心念的種種差別，就是這樣子，就是如來。

這時候，我們真正能生活在如來當中，在如來當中生活，在如中生活如來，在如中生活如去。

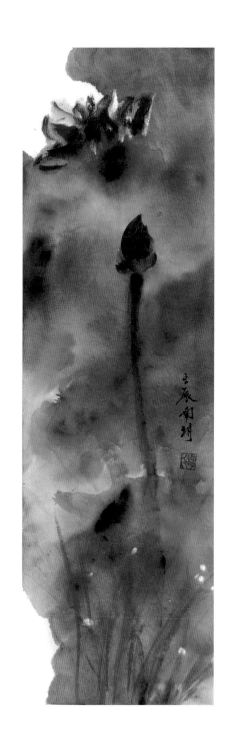

諸菩薩摩訶薩，應如是生清淨心，
不應住色生心，
不應住聲、香、味、觸、法生心，
應無所住而生其心。

莊嚴淨土分第十

菩薩瞭解，布施並不是音聲、香味、味道，或是身體的觸覺，也不是意念、思維、思想等布施。

菩薩了知我們的生命，是從眼、耳、鼻、舌、身、意這六種感官，感受到六種外在的存有，以此來感受到外在物質的形相，眼所見的顏色、耳所聞的聲音、鼻子所嗅的香味、舌頭所嚐的味道、身體所感觸的觸覺、意念所思維的對象。

很多人對布施的理解是「我把這東西給你」，其實不是的。一個菩薩會更深入思惟「什麼是『你的』、『我的』」。東西的所有性是因緣法，是在無常中間隨時變化的東西，所以，怎麼會有一個東西真的是你的呢？

爾時，須菩提白佛言：「世尊！當何名此經？我等云何奉持？」佛告須菩提：「是經名為金剛般若波羅蜜，以是名字，汝當奉持！所以者何？須菩提！佛說般若波羅蜜，則非般若波羅蜜，是名般若波羅蜜。」

如法受持分第十三

什麼是《金剛經》？《金剛經》就是金剛心，你的心就是金剛，你的心就是最圓滿最究竟的悟境的心。《金剛經》是要告訴你，你的心從來沒有離開你的悟境、從來沒有離開這開悟的事實，也從來沒有離開這最究竟、最圓滿的境界。

你的心跟如來從來沒有兩樣。

這時候，你看到心的本質，看到了你的本質，看到一切心的本質，過去的心不可得，未來的心本來不可得，連現在的心也沒有一個任何可得之處。不要逼著你的心去做什麼，而是你的心跟你完全自由的融合，自在的遊戲著，該怎麼散步的時候，出去散步也聞聞花香，當你聞到花香的時候，就當下聞了歡喜，花香過去了，過去了就過去了。

「須菩提！於意云何？三千大千世界所有微塵，是爲多不？」須菩提言：「甚多！世尊！」「須菩提！諸微塵，如來說非微塵，是名微塵。如來說世界非世界，是名世界。」

如法受持分第十三

你心中沒有被這花香控制，你可以聞到另外的花香，或是另外美麗的味道，或是另外美麗的音樂。當你一執著，你就被執著控制，你的心不自由了。

不自由讓你的心緊張，無法在當下裡面明明白白清清楚楚看到萬事萬物的本相。所以，讓你的心靜默吧！

過去的心不可得，現在的心不可得，未來的心不可得，這樣你就能清清楚楚明明白白的看到自己的本相，看到一切萬物的實相。

心是不可得的，不可得才是你的心。如果你有一個心可得，這就是第二個心了。所以，過去的心不可得，現在的心不可得，未來的心不可得。

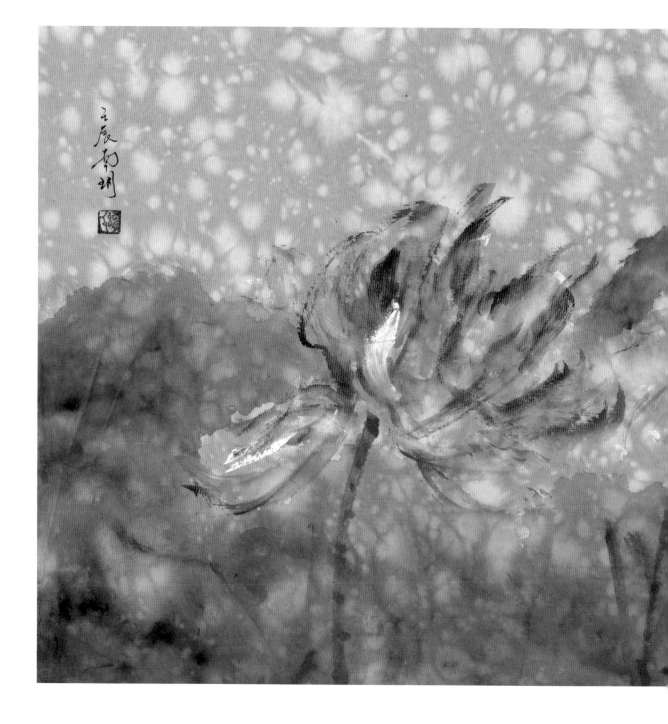

「須菩提！於意云何？可以三十二相見如來不？」「不也！世尊！不可以三十二相得見如來。何以故？如來說三十二相，即是非相，是名三十二相。」

如法受持分第十三

佛陀用什麼心去得到最究竟最圓滿的覺悟？心不可得，誰去得到圓滿覺悟？如果佛陀說他有一個心得到圓滿的覺悟，那他就不是自由的人，沒有達到最圓滿的覺悟。

要體悟如來的實相，就不能執著外相，外在的色相、外在的形色，也不能執著聲音。當你執著外在色相或聲音，執著如來的三十二相、八十種好，就不能見到真實的如來。所以，首先要斷絕對一切現象的執著。

但是，有些人斷除了對一切外相執著的時候，又執著沒有外相、沒有形色、執著沒有任何的聲音，而不知道所有的外相、聲音、種種的現象，都是在種種條件種種因緣之下，所做的真實呈現。

菩薩應離一切相發阿耨多羅三藐三菩提心，不應住色生心，不應住聲、香、味、觸、法生心，應生無所住心。

離相寂滅分第十四

一個菩薩永遠是感恩的，即使是喝一杯茶也充滿感恩，一杯茶多麼溫暖，茶湯多麼漂亮，水倒入杯裡的聲音多麼好聽。這茶葉本來種在遙遠的山上，種得那麼好，經過各種因緣才來到你的手中。無論是眼所見，耳所聞，鼻所嗅，舌所嚐，身所觸，意所念，無一不充滿了感恩，但是卻沒有執著分別，只有充滿柔軟感恩的心交互流動。

菩薩對一切眾生的布施，是有感情的，是一種很深層的悲心。此外，他也感受到眾生對他的慈悲。這中間有一種互動，裡面有一種感恩，這一種感恩裡面只有柔軟，而沒有說誰要布施給誰，而是一種相互的流動。陽光，空氣，水，整個大宇宙就是一種無住相的布施，是廣大無邊相互之間的布施，大容於小，小迴於大，宇宙在變化，不斷在無常的變化當中，是種無私的布施流動。誰是布施者？誰是被布施者？

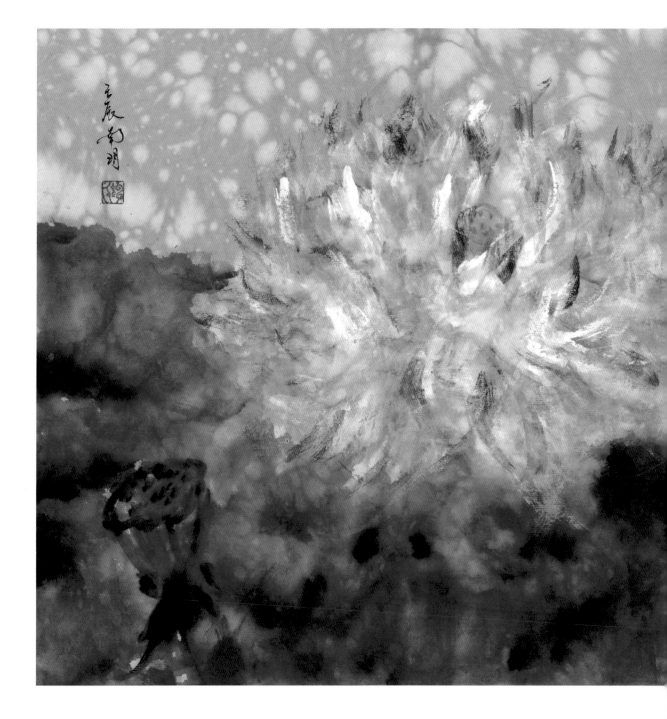

若心有住，則爲非住，
是故佛說菩薩心不應住色布施。
須菩提！菩薩爲利益一切眾生，
應如是布施！

離相寂滅分第十四

布施就是布施，而非有一個現象叫做「這樣布施的一個現象」，
布施就像彈指的聲音一樣，聲響過去了就是過去了，它只是自然
回饋的一個宇宙之流，這宇宙之流也是幻化的，菩薩在這樣的狀
況裡面，自在的活著，自在的布施，卻沒有任何的執著、分別，
沒有任何的執住這樣的布施，不住一切萬象的來布施，包括萬相
是如此，乃至於你的心，乃至於你的感覺、感受，他自己是如如
實實的、安安穩穩的、自自在在的，就這樣的做著。
關於布施，佛陀告訴我們，真正的布施，必須「三輪體空」。
什麼是三輪？主體、客體與傳遞的介面。佛陀告訴我們這三者都
是幻化的、不實在的。所以怎麼會有一個東西是從我這兒來拿給
你的？

如來說一切諸相，即是非相。
又說一切眾生，則非眾生。

離相寂滅分第十四

布施是很多方面的，不管是外在的財物、飲食，或是讓你的心獲
得真正的智慧，讓你看清楚一切的事實，或是心中充滿了感動，
充滿了安慰，充滿了溫柔的心意，充滿了溫暖，而重新開啓了，
重新不再畏懼，重新有了活力、有了力量。

然而這一切的種種，就像我們在看電影一樣，看著好像是事實，
是存在的，事實上卻是一個一個鏡頭快速移動，所串連起來的幻
影。就像因緣，我們看起來，在生命當中，它好像是存在的。

須菩提！如來是眞語者，實語者，
如語者，不誑語者，不異語者。
須菩提！如來所得法，
此法無實無虛。

離相寂滅分第十四

一個菩薩知道生命是在不斷的變化當中，並沒有一個真實不變的主體，它是一個幻影，只是一個虛幻的幻影，只是一個因緣所展現的虛幻的幻影而已，它也沒有一個真正的外在對象，自身是幻影，外在的對象也是幻影。

這兩者的關係就像他面對自己身上的細胞，他和細胞們對話、溝通，他的細胞也是不斷的變化著，虛幻的變化著。

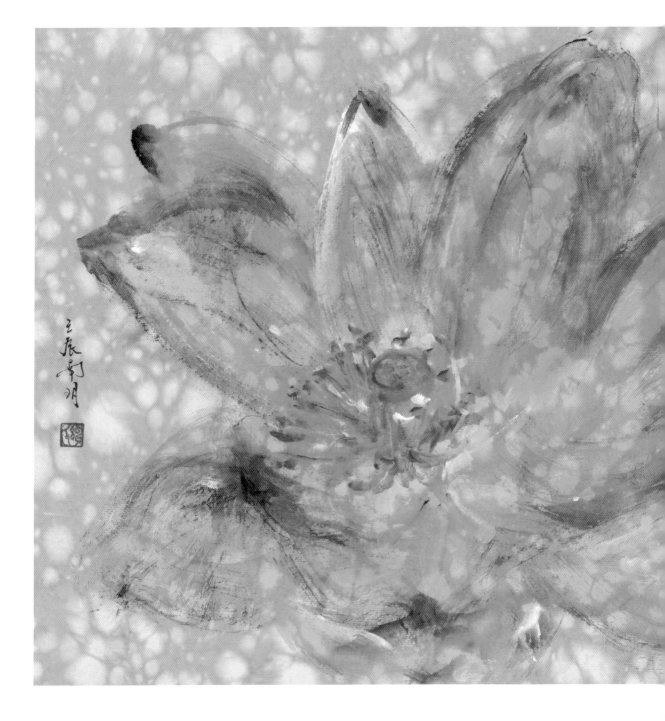

須菩提！
若菩薩心住於法而行布施，
如人入闇，則無所見；
若菩薩心不住法而行布施，
如人有目，日光明照，見種種色。

離相寂滅分第十四

布施就像我們的腦，發現到手需要血液了，就把身體的體液、養分輸送給手，讓我們在冬天的時候得到溫暖，它不只是讓你在寒冷時得到溫暖而已，在夏天的時候，它讓你流汗，讓你散熱。
你受傷的時候，它會安撫你，告訴細胞不要恐懼，不要害怕，你如果恐懼了，身體緊張了，受了傷就不能很快復原，你如果不再恐懼，會恢復得更快。你要勇敢的走向前，它會輸送很多的養分給你，讓你很快的回復最佳狀況。

爾時，須菩提白佛言：
「世尊！善男子，善女人，
發阿耨多羅三藐三菩提心，
云何應住？云何降伏其心？」

究竟無我分第十七

從《金剛經》的經文中觀察，我們可以發現有兩重極為相似的文字，都是起始於須菩提與佛陀的問答。須菩提請問佛陀：「善男子、善女人，發阿耨多羅三藐三菩提心，應云何住？云何降伏其心？」

這兩重的問答，並非單純的重複，而是極有意義的教授。也就是將《金剛經》的兩重，安置在「般若道」與「方便道」。

佛告須菩提：「善男子善女人發阿耨多羅三藐三菩提者，當生如是心：我應滅度一切眾生，滅度一切眾生已，而無有一眾生實滅度者。」

究竟無我分第十七

前面第一重是告訴你：這現象是虛幻的、是空的，所以沒有什麼可以得到，是無所得的。而你的心是有智慧的，所以你的心無所著。

但是，當我們以為我們的心有智慧的時候，以為我們的心無所住的時候，我們的心擁有了智慧，雖然這現象是虛幻的、是空的、是不可得的，它是不是又住在一個無所住、無可住的地方？如此就產生了一個不可得的相。

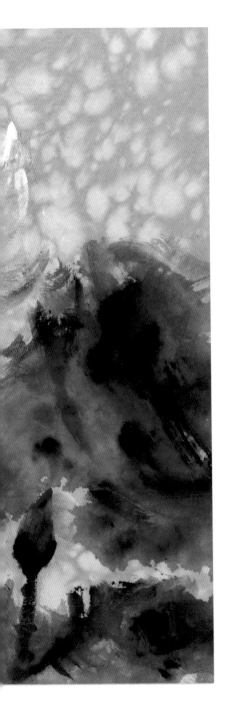

何以故？若菩薩有我相、人相、眾生相、壽者相，則非菩薩。所以者何？須菩提！實無有法發阿耨多羅三藐三菩提者。

究竟無我分第十七

我們得到初步的智慧時，全身會散發出「智慧的味道」。就像一個嬰兒誕生時，隨著新生命誕生，每天要喝很多奶，於是全身就開始散發出奶味。這在成長的過程中無可厚非，但是永遠這樣，就代表長不大，也就是俗話說的「乳臭未乾」。

一個有智慧的人，如果一直散發出「智慧的味道」，以此來表示自己有修行，無法和光同塵，這樣還是陷在對智慧的執著。

真正的智慧是連智慧也沒有可住的。

一切現象不可得，因為不可得，也沒有可得之處。

所以《金剛經》後面這部分，就是要讓我們去除掉智慧的臭味，得到真正的智慧。真正的智慧，何處不是智慧？不需要充滿「智慧的味道」才叫智慧。

真正不可得，也不是要生起一個「不可得的心境」，才能看到不可得，而是真正的不可得。這也才是真正的無相。

如來者，即諸法如義。若有人言：如來得阿耨多羅三藐三菩提，須菩提！實無有法佛得阿耨多羅三藐三菩提。

究竟無我分第十七

一般人總是有一個分別的心在，看任何東西，總是不是「A」就是「非A」，不是這個就是那個。那個是什麼？那個就不是這個。這個是什麼？這個就不是那個。所有的事情都用二元對立的方式來分別。

所以，他心的最深層根本是什麼？是要「這個」、不要「那個」，或是說「要這個」跟要「不要這個」。如果沒有失去興趣或是沒法處理的時候，他就把它放在那個地方，不去感覺，完全把它切開，也就是要一個「沒有感覺」。

從大到小這樣分下來，大的分別到小的分別，小的分別又回扣回去，互相之間，層層疊疊，無限的相互的分別。

須菩提！如來所得阿耨多羅三藐三菩提，於是中無實無虛。是故如來說一切法皆是佛法。須菩提！所言一切法者，即非一切法，是故名一切法。

究竟無我分第十七

為什麼我們的心會有這樣強烈的慣性？基本上這是由分別的心，也就是執著的心所產生的。

執著的心就是取相的心，認為萬相是他可以分別、可以去抓取的對象。所以心裡面想東想西，想東的時候想一個不是東的，想西的時候想一個不是西的。怎麼說呢？就是在想東的時候，他的心面好像產生了很大的回彈力量，想東的時候，他的心裡面是那麼確定嗎？又不是那麼確定。他心裡面總是有反彈，因為心裡面有反彈，所以會更大聲地說：「我要這個！我叫這個叫『東』！」

須菩提！菩薩亦如是。若作是言：我當滅度無量眾生，則不名菩薩。何以故？須菩提！實無有法名為菩薩。是故佛說：一切法無我、無人、無眾生、無壽者。

究竟無我分第十七

當你看到一個人用那麼強烈的聲音說「我要這個」的時候，其實是他用這樣的方式，來加強他心裡面那種猶疑不定的心理狀況，因為它跟這萬象是分別的。「他」、「他要的這個東西」及「他取」。 這其中有三者，一個是主體（他），一個是客體（東西），一個是介面（他得到的方式）。由於這三者是分裂的，所以他才去想、去取、去抓。

結果他心裡面要去抓取的時候，充滿了不確定感、不真實感，因為那個東西不是他的，但他又想像那個東西是可執取的，在這種衝突矛盾之下，他對待外境會不自覺用力執取，拿東西都是緊張地抓著。由於心中的不確定感，所以要強烈的抓取。

須菩提！若菩薩作是言：我當莊嚴佛土，是不名菩薩。何以故？如來說莊嚴佛土者，即非莊嚴，是名莊嚴。須菩提！若菩薩通達無我法者，如來說名眞是菩薩。

究竟無我分第十七

我們可以觀察嬰兒，嬰兒抓東西的力量很大，這是因為他的身心很放鬆。雖然他的心還是有根本的執著在，但是由於年齡還小，分別心還沒有很強烈，心念還沒有那麼複雜，比較沒有分別心的心境，因此他抓東西很直接，力量是大的。

漸漸長大了，雖然他的力氣變大了，但是由於開始有分別心，在抓東西的過程中開始想東想西，所以力量反而變小了。

抓東西是如此，想事情也是如此。當他心中認為「事情一定是這樣子的」，當你這麼認為的時候，事實上心中是不確定的，所以要強迫自己認為是那樣子。

「須菩提！於意云何？
如來有肉眼不？」
「如是！世尊！如來有肉眼。」
一體同觀分第十八

同樣的，他以為心是他的，但事實上不是，所以他會強化這個想法，「心」在分別心下雖然不是他，但是他認為「身體」是他的，所以雖然心裡還有一點不安，但還保有一點信心。

等到年紀愈來愈大，身體控制不住了，走路的時候踏不穩了，當你扶著他的時候，會發覺到一個很吊詭的情況，當你扶著他時，他會用力抓著你，他的力量變弱，但是他抓你的力氣卻變大，甚至指甲都要摳進你的肉裡了。

為什麼會這樣呢？因為他對自己失去了控制的力量，因此他控制東西的心念會強化起來。雖然他的年紀大了，力量愈弱，但是他抓取的力氣卻愈大，因為他害怕失去。

當他逐漸無法控制他的心、無法控制他的念頭、他的身體，他感到什麼都沒有了，所以他要向外緊緊地抓回來。

「須菩提！於意云何？
如來有天眼不？」
「如是！世尊！如來有天眼。」
一體同觀分第十八

這樣來觀察我們的心就很清楚了。為什麼我們的心對外界那麼強烈執取？

因為我們的心認為它是我的，事實上是我們感覺到無法控制、無法掌握，結果反而更強烈的去執取。我們心的傾向如此，同樣的，我們的眼睛、耳朵、鼻子、舌頭、身體等各種接觸外界的感官也是如此。

我們觀察嬰兒成長的過程，小孩子看到東西很自然會伸手去抓，目光很容易被吸引，緊盯著看。當它被吸引時，下巴就抬起來了，眼睛盯著看了，手就伸出去抓了。這個好奇心理面含有一種佔有的心。本來嬰兒的身體是放鬆的、柔軟的，當這一連串動作產生的同時，身體就緊張了，放鬆的身線也就失去了。

「須菩提！於意云何？
如來有慧眼不？」
「如是！世尊！如來有慧眼。」
一體同觀分第十八

事實上，外在的山河大地，這一切東西不會因為你的抓取就變成你的或是存在，也不會因為你不抓取它，它就消失了。它本來就是這樣子，本來就是虛幻，在不斷的虛幻變化當中，不會因為你的抓取而永久存在，不會因為你的抓取而變成你的，也不會因為你的眼睛抓取了而看得更清楚，不會因為你的耳朵抓取了而聽得更清楚、不會因為你的鼻子抓取了而聞得更清楚，不會因為你的身體抓取了而觸摸得更清楚。

「須菩提！於意云何？
如來有法眼不？」
「如是！世尊！如來有法眼。」
一體同觀分第十八

事實上，當你的眼睛緊張的盯著看時，眼睛更累了、被侷限了，
目視的範圍更少了。
當你的耳朵緊張的執取時，反而聽得不清楚了。
當你的鼻子緊張時，呼吸就不順暢，身體裡的含氧量就變少了。
當舌頭緊張時，唾液就變少，舌苔就變厚，嘗不到好味道了。
身體緊張了，觸覺就遲鈍了。心念緊張了，意念更不自由了。
所以，人從小就習慣去向外抓取，以為這樣子就可以得到什麼東
西， 其實這世界所有一切都是相互平等的，自然自在的運作，
跟你執取或不執取，並沒有任何關係。

「須菩提！於意云何？
如來有佛眼不？」
「如是！世尊！如來有佛眼。」
一體同觀分第十八

當我們張開雙眼想看清楚，緊張的盯住看反而看不清楚，何妨讓山河大地來讓你看呢？當你的眼睛放鬆了，反而看得更清楚，也能看得更清楚它的本相。耳根放鬆了，反而能聽得更清楚心的本相，聽的範圍更廣泛、更美妙。

但是我們卻無法克制，本能的就是要向外抓取，不斷抓取，然後產生想像，這想像根本是分別心，而分別心的根本源於我執。分別心造成我執，執著「我」。「我」的執著，是從「執著我」開始的，因為執著「我」才造成「我執」。「執著」跑到「我」裡面去，主宰了「我」，而這個「我」是虛幻的，但是卻被虛幻的主宰了，驅動來做一切事情。

「須菩提！於意云何？
恒河中所有沙，佛說是沙不？」
「如是！世尊！如來說是沙。」
一體同觀分第十八

你執著有一個「我」，及「我」之外其他所有的生命現象，他們的壽命，存在久暫。這些都是從「人」、「我」分別而來，進而和山河大地切割。在原來的一體中，你強去切割。勉強切割之後，又捨不得，想把它抓回來，造成心中無盡的混亂、迷惑。

整個宇宙萬象、山河大地本來和你是沒有分別的，但是你硬把它切割，這個執著就造成了「我」，而有「我」的執著之後，又以「我」去執取萬象，去想像萬物。

這就是「顛倒夢想」。

「須菩提！於意云何？如一恒河中所有沙，有如是等恒河，是諸恒河所有沙數佛世界，如是寧爲多不？」「甚多！世尊！」

一體同觀分第十八

萬事萬物的真實現象，當我們透過扭曲的眼光去看待它，它就變形了。你的心裡面最深層的苦悶是什麼？就是用凹凸鏡去看待萬象，而有種種不平等的分別。

因此，你所有的行動，本身都是不自在、不自由的，都是透過這種顛倒、這種夢想、這種執著，來讓你產生對萬事萬境充滿緊張的回憶活動，所以你永遠在緊張、在迷惘中活著，而不是活在當下。

你活著根本不真實，因為你先用執著拒絕了真實，然後又要把真實抓回來。你抓回來的真實是你假造的真實，不是真的。

佛告須菩提：「爾所國土中所有眾生若干種心，如來悉知。」

一體同觀分第十八

對一切萬事萬物，我們應該怎麼觀察？

萬事萬物都是虛幻的，是不實的，都是空的。所以沒有一個東西是你可以拿得到的，這整個世界、整個宇宙都是不可得的。

什麼是可得？什麼是不可得？就像你想在手中永永遠遠抓住一個東西，抓住一枝筆、一個碗，你以為可以永遠抓住他們，這個心是不可得的。

所以，你用力抓住碗，你抓住筆、你抓住錢、你抓住你的先生、你的太太、你的朋友、你的財產、你的美麗，你就是緊緊的抓住，用盡全身吃奶的力氣來把它抓住，抓得緊緊的。

你的心錯認了，於是產生種種的想像，以為可以抓得住，因為你認為它們是存在的，你的心就執著在這種現象裡面，喪失了智慧，看錯了事實，所以你的心完全被這萬事萬象控制住了，一點都不自由。

你認為抓住的話就可以隨心所欲的用這些東西，事實上，當你的心緊緊抓住東西的時候，你同時也被它抓走，生命就不自由了。

何以故？如來說諸心，
皆爲非心，是名爲心。

一體同觀分第十八

我們活在什麼時候？既然你看得懂這本書，代表你已經活過一段時間了，但是過去的你活在那裡？

到底你活在哪裡？是活在過去，還是活在未來？

過去活過，但我們是活在過去嗎？

我們想活到未來，但我們是活在未來嗎？

「活在現在」可能是一個比較好的答案。但過去的心念，也可能現在還在想，過去的念頭，過去的心，都寄存在現在這個心；未來你有計畫，未來的計畫也是由現在這個心在思索規畫。

就連現在的這個心，也隨著時間不斷流去，成為了過去。

請你現在停下來，把心停在現在，把心確確實實停在現在，不要動，對你過去的心，停在現在，把你計畫未來的心停在現在。

對你現在的心，清清楚楚的看著它、掌握它、控制它。

現在在那裡？現在的念頭可以掌握嗎？可以抓住嗎？可以控制嗎？可以不動嗎？

所以者何？須菩提！
過去心不可得，現在心不可得，
未來心不可得。

一體同觀分第十八

當你的心想抓住過去，想掌控未來，想對現在的一切抓住不放時，你會發覺到自己像一個在河邊，企圖用手抓住水流的人，不斷的抓，不斷的抓，以為抓住了，水卻從緊抓的雙手中流掉了。於是你不停的抓，水一次又一次的流掉，週而復始。

我們每天都在重複這樣的動作，我們的生命就這樣子過去了。

你想抓緊過去的經驗，過去的經驗已經過去了，你想緊抓未來的心念，未來的心念還沒有來到，你想抓緊眼前的心念，眼前的念頭不斷的流逝。

為什麼不坐在船上，在心念的河流裡面，自在的嬉戲，自在的玩耍？為什麼要每天苦惱的去抓取自己的心念，宛如抓取水中的月亮般徒勞無功？過去的心就讓它過去吧！未來的心它還沒有來到，現在的心念在眼前流動。當你不再想執著於心，了知一切心念、每一個水、每一個心念都是幻化不實時，這一切，都是無可執著的。

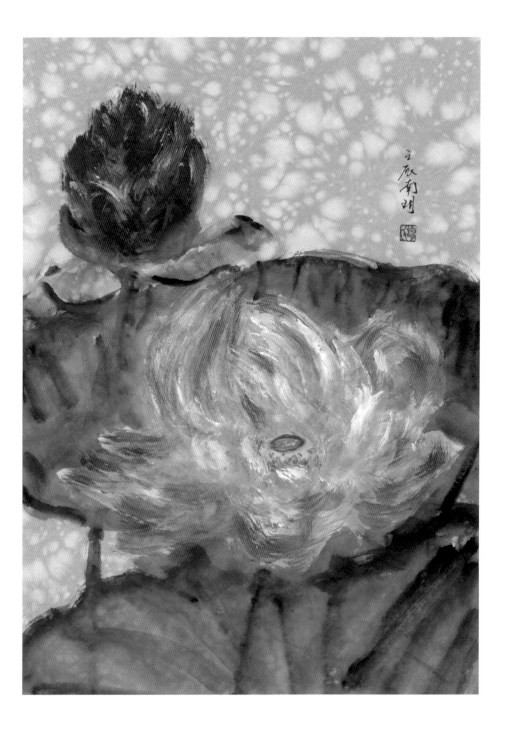

「須菩提！於意云何？佛可以具足色身見不？」「不也！世尊！如來不應以色身見。何以故？如來說具足色身，即非具足色身，是名具足色身。」

離色離相分第二十

所以，什麼是如來？如來就是在這樣子裡面，完全沒有執著，它從這裡來，從這裡離去。這中間只有當下，沒有來處也沒有去處。因而怎麼會有說法或是沒有說法呢？

所以，如來所說的法就是如來。所以，法是虛幻的，法是無可執著的，也是沒有任何可得的。如果懂得這個，一切的法、如來所說的法，都無可執取，這樣，佛陀哪有什麼講法呢？不過是葉落了、風吹了，不過是在宇宙中風吹過的聲音。有什麼好執著，有什麼好執取的？會心一笑，就是如來最大的安慰。你會心一笑，知道了、知道了。一個知道的人，就回到萬物真實的本質。在這裡面，還有什麼可取的可說的？佛陀說過什麼？什麼是佛陀的話？這就像指著月亮的手指，指過，看過月亮，如來的手指，不要把心放在上面，不然就會看到虛幻的現象。

「須菩提！於意云何？如來可以具足諸相見不？」「不也，世尊！如來不應以具足諸相見。何以故？如來說諸相具足，即非具足，是名諸相具足。」

離色離相分第二十

所以，如來所說的法不是「法」，也不是「不是法」，一切現象、一切諸法，乃至一切賢聖，他們所成就的法，就像天空在海中的倒影一樣，清清楚楚、明明白白，山是山、樹是樹、太陽是太陽、雲是雲，那麼虛幻的倒影，卻那麼清楚。

你看到水中的倒影，是不是比眼實際的景象更清楚、更明白？但是它卻是虛幻的。雖然虛幻不實，卻更加清楚、更加明白，沒有一絲一毫的含糊。

這沒有一絲一毫的含糊，這樣清清楚楚的次第、明明白白的顯現，正是一種不執著、一種無為的心、一種無為的萬法、一種宇宙無為的生死所顯現的一種現象。在無為的明鏡裡面，萬象會更加清楚、更加虛幻、更加明白，沒有任何的錯謬。

須菩提！汝勿謂如來作是念：我當有所說法。莫作是念！何以故？若人言如來有所說法，即為謗佛，不能解我所說故。須菩提！說法者，無法可說，是名說法。

非說所說分第二十一

什麼是宇宙真實的樣子？

菩薩要生起什麼樣的心，才能清楚看見這個宇宙的實相？

怎麼樣才能清楚的跟這實相相融合？

應當生起清淨的心。什麼是清淨的心？只有虛幻、只有空、只有沒有任何的污染、任何的所得、沒有任何所住，才是真正的清淨。因為這種心是污染不得的，這才是清淨。

所以，要如何生起這樣清淨的心境？

他對一切萬象、萬物，心中不起任何分別，他透見真實的實相，真實得那麼虛幻，那麼虛幻的無常不實，但又是那麼清楚、那麼明白、那麼透徹，一切萬物萬象是不可得的，心清淨的生起，自然不住於這不可能得到的虛幻實相中。

須菩提！彼非眾生，非不眾生。
何以故？須菩提！眾生，眾生者，
如來說非眾生，是名眾生。

非說所說分第二十一

所以，他不住於這樣的色相而生起無住的心，生起的心是清淨、
無染著的，是透徹的、清明的、明白的。

他不住於任何的聲音、香味、味道、觸覺、一切意念所思維的東
西中。

因為心產生了眼、耳、鼻、舌、身、意、識六種作用，從清淨的
心裡面，他不執著、不分別，因而產生了六種清淨的作用，他不
會染著於色、聲、香、味、觸、法的現象，不會被這宇宙萬象所
迷惑。

所以他的眼睛放鬆沒有執著，微笑的看著這個世界，讓這個世界
在他眼前展現最美麗的舞姿。

如是！如是！須菩提！
我於阿耨多羅三藐三菩提，
乃至無有少法可得，
是名阿耨多羅三藐三菩提。

無法可得分第二十二

他不需要去掌控，因為他和萬物本是一體，他不需要去抓取外境，所以整個山河大地所呈現的舞姿是自然的，自然的清清明明進入他的眼，進入他的清淨心，完全沒有分別、清清楚楚、明明白白。

連聲音都是宇宙最美麗的交響樂章，隨時隨地唱誦給他的耳朵聽，唱誦給他清淨的心聽。他的耳朵不被任何聲音所控制，所以每一個聲音就跳躍出最美麗的音符，傳送到他的耳朵，原原本本的、原汁原味的、清清楚楚、明明白白的傳達著實相。

於是，香味、觸覺，乃至意識所思維的萬象諸法，一切都完完整整的透過他的六種感官，進入到他的心裡面，他的心是清淨的、不染著的。

復次，須菩提！
是法平等，無有高下，
是名阿耨多羅三藐三菩提。
以無我、無人、無眾生、無壽者，
修一切善法，
則得阿耨多羅三藐三菩提。

淨心行善分第二十三

清淨的心，沒有執著、無所住，而現象，它就用一種不可得的、不可思議的現象，來讓這兩者之間百分之百的、完完美美的相互印證、相互的流轉、相互的感通。所以，他的心是清淨的，他的心是無可得的，對一切萬象無可分別。

他的心並沒有「一個心」在那裡，只有自在、無執。

這時候，他心中完全沒有執著，所以能夠自在，這個心是一切意念清淨的源頭，超越了一切分別，這個心清楚明白、是沒有分別心的心。

所以，在這當下，他無所住的生起這個心，這個心直接面對宇宙萬象，他的心是完整的、完全的智慧，因為不可住、無可住。

須菩提！於意云何？
汝等勿謂如來作是念：
「我當度眾生。」
須菩提！莫作是念。何以故？
實無有眾生如來度者。

化無所化分第二十五

萬象萬物是確確然然的不可得，因為是空的、是虛幻的。「心」跟「相」完全會同如一，沒有任何的執住、任何的分別，所以它們自由的展現著。

心自由了，相也活潑了。

活潑的相，跳著自由的步伐，進入了你的心，心也自由的跟這萬象相互回應著，這才是宇宙中最真實、最美麗的樂章，是大覺的悟道。

我們從「應無所住」而生起的心中，就是宇宙開悟的實。沒有「開悟的人」，也沒有「被開悟」的對象，這才是如實之道。

當你還有一個開悟對象的時候，代表你還有一個門徑可以到達開悟，這開悟的境界已經執著了、束縛了，只有在這裡才能開悟。

如來説有我者，則非有我，
而凡夫之人以爲有我。
須菩提！
凡夫者，如來説則非凡夫。

化無所化分第二十五

但是，境界也是虛幻的。一個真正開悟的人，連這境界也虛幻掉
了，所以，在任何一處，都是開悟的。

心不需執著於有沒有一個開悟的心，任何一處都是開悟的，心是
自由的，是「應無所住」的開悟，是「境不可得」的開悟。

禪宗説：「從緣入者，不是家珍。」如果你從一個固定的門欄
悟，但開悟之後，還是落入固定的門欄，那麼就並非徹悟。

真正的徹悟是瀰天蓋地的，從自己的心中湧出。

如何從自心中湧出？你要無所住、無可住，不被自己任何自心的
分別因緣所控制、所操弄，這種無所著的心才是瀰天蓋地、遍達
法界的悟境，這才是應無所住的心。

「須菩提！於意云何？
可以三十二相觀如來不？」
須菩提言：「如是！如是！
以三十二相觀如來。」
法身非相分第二十六

佛陀累劫精勤修行，具足了很大的功德與福份，在外相上則顯現為三十二種圓滿的相貌。佛陀有三十二種圓滿相貌，但是，具足三十二種圓滿相貌就是佛陀嗎？

有一種相貌叫如來嗎？如來的相貌是什麼？有福份、有福報、有三十二種相貌，就是如來嗎？在這世間裡面顯現這種相貌的就是如來嗎？像轉輪聖王有大福報，也具有三十二種相好，那麼，轉輪聖王是如來嗎？

如果我們拿著佛陀的舍利子或骨頭或基因複製一個佛，他具有三十二相八十種好，那他是不是佛呢？

如果我們用這個基因複製了十個、百個「佛」，同時出現，那他們是不是佛？如果這十個、百個佛複製出來的佛，他們說法不一樣，甚至跟佛陀原來的說法不一樣，我們會不會產生疑惑呢？

佛言：「須菩提！若以三十二相觀如來者，轉輪聖王則是如來。」須菩提白佛言：「世尊！如我解佛所說義，不應以三十二相觀如來。」

法身非相分第二十六

真正的實相，需要佛陀來宣說嗎？實相會因為佛陀的宣說才成為實相嗎？如果佛陀沒有說法，萬事萬物不就是如此嗎？實相並不會因此有所增減。

真正的法是超越一切而真實的存在，如來是發現到這個真實的現象，並依此而行的生命。一個證得如來之道的人，無論是任何人的出現，即使是佛陀，也無法改變他。佛陀告訴我們這個實相，於是我們也跟他一樣，成證圓滿的佛陀。

以外相來瞭解佛陀的存有，以為佛陀有固定不變的相貌，這到底是以過去心、現在心或未來心來瞭解？這是執著在一個外相叫做佛。

爾時，世尊而說偈言：
若以色見我，以音聲求我，
是人行邪道，不能見如來。

法身非相分第二十六

因此，要見到如來，是要見到「如」，才能見到如來，見到
「覺」，才能見到佛。沒有透過「如」、沒有透過「覺」，只是
看到佛陀的外相，拜佛、禮佛、認知佛，這樣的理解就遠離了佛
法，遠離了如來所說的法，遠離如來如的覺悟，遠離「如」本身
的實相。

如來、佛陀，並不是你執著的對象，連如來、佛陀的覺悟都不可
得了，怎麼會執著這個如來的外相呢？

所以，佛陀這樣說：「從外相來看我，以聲音來求我，你們的心
啊！已經執著於邪見，行於邪道了，不能見到真實的如來。」

因為如來，所以是如，聲音是虛幻的，形象是虛幻的，是不可得
的，是空的，這才是如。如果執著外相、執著這聲音，希望看到
如的實相、看到如來，這是不可能的。

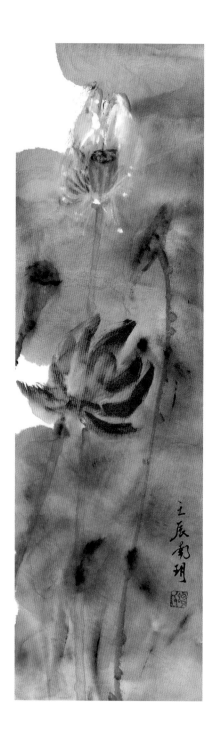

須菩提！莫作是念：
如來不以具足相故得阿耨多羅三藐
三菩提。

無斷無滅分第二十七

如來是要在如中行，如中並沒有來去，這才是如來如去，是大覺者。

如來是一切不可得的，展現他最真實的相貌，同時也是最真實的虛幻，在最最虛幻不可得當中，這樣真實的存有，這樣清楚明白的存有，本身最最不可得，沒有一絲一毫的可得，一絲一毫的黏滯，所以過去心、現在心、未來心都是絕對是通流而不可得，這才是如來的實相。所以，要見如來，就要超越色相、超越聲音、超越一切的現象，如此才能見如來。

見如來的第一步就是要見如，你見到如、見到真實、見到實相，但是當你執著「有一個如」，你執著「不能用色相、不能用聲音」來見如來的時候，就不能見到如來的實相妙用。

須菩提，汝若作是念：「發阿耨多羅三藐三菩提心者，說諸法斷滅。」莫作是念！何以故？發阿耨多羅三藐三菩提者，於法不說斷滅相。

無斷無滅分第二十七

不要因為第一層次──要以空以無相的觀來見到真實的佛，而執著無。你破除了「有」的執著，但卻執著一個「無」。

如果你認為佛陀不需透過任何努力，就能擁有智慧，不透過精勤修行，就擁有圓滿的三十二相，這是不可能的。如果這樣執著有一個「無」、有一個斷滅的觀念，就不能見到真正的如來。

發起最圓滿、最究竟菩提心的人，對一切法，是不說斷滅相的。

他不執著於有，也不執著於無，他破除有的執著，也破除無的執著，他不會落入斷滅相，因為斷滅相也是一種「有」，有一個斷滅相。當你執著「沒有」，執著一個「無我」的心，就是執著一個斷滅。

須菩提！若有人言：如來若來、
若去、若坐、若臥，
是人不解我所說義。

威儀寂靜分第二十九

具有真實的智慧，就是完全沒有所執，完全的如，完全超越圓滿
的究竟智慧，連超越圓滿的究竟智慧，都沒有任何執著，沒有任
何辦法可得，這樣徹徹底底的放下，徹徹底底的放空，而在這中
間，不斷的精進，不斷的努力，不斷的幫助一切生命，不斷的用
慈悲心來對一切，不執著一切法，而去行一切善法，他不執著法
而去慈悲心面對一切，他具有完全的智慧，而不執著智慧而去幫
助一切眾生，只有這樣的力量，才能夠從內到外完全通透，具有
三十二相八十種好。

佛陀和轉輪聖王的三十二相，外表雖然相同，內在卻不同。轉
輪聖王的三十二相，像是用黃澄澄的黃銅所做的佛像，如來的
三十二相，就像是純黃金做的佛像。黃銅做的佛像和黃金做的佛
像，看起來都是黃色，外表一樣，但是本質不同，一個是金，一
個是銅。即使是黃銅外面鍍了一層金，裡面還是銅，而真金是從
內到外都是純金的。

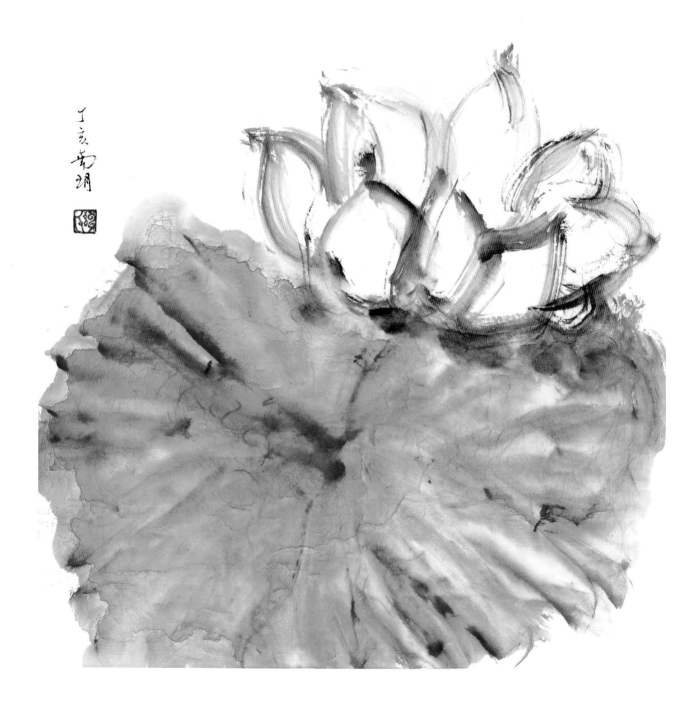

何以故？如來者，無所從來，
亦無所去，故名如來。

威儀寂靜分第二十九

所以說，佛陀具有三十二相八十種好，是從裡面是如、是空、是
沒有執著，他對自己的相不執著，而你執著於相去求他，你執著
他的相、執著他的音聲去求他，這個是行邪道，不能真實見到
如來。如來對三十二相，是從內到外徹底沒有執著，而不是說
三十二相沒有了。

因為這個像是在因緣條件裡面，一切是真實的。這一切的本質，
不斷的變化，無常的變化本身，本身自然會具有這樣的現象，這
樣的緣起。

假如水在攝氏零下不會變成冰、一百度以上不能變成水蒸氣，這
跟因緣條件是不合的。

如果是這樣的話，這些生命經過了努力經過了奮鬥，從內到外圓
滿努力奮鬥，有了這三十二相八十種好。他的福德是具足的，他
在因緣裡面是最恰當最有福份最有福德的，因為慈悲心就是這樣
子展現的，而智慧和慈悲心圓滿融合造成他從內到外都是如的，
他沒有執著，在每一個當下裡面，他自在，如實自在圓滿。

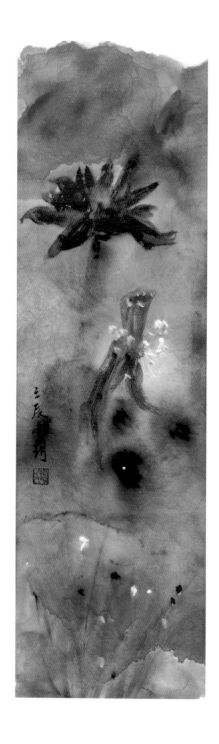

須菩提！若善男子善女人，以三千大千世界碎爲微塵。

一合理相分第三十

我們在海邊抓起一把沙子，把沙子一點一點讓它往下散去，看著沙子的流動，如果每一粒沙就是一個星球，那麼到底有多少星球？這宇宙到底有多大？我們眼睛看著虛空，看著無邊無際的星系，這無邊無際的宇宙正準備往時間之流中，你看到了它來到了你的眼前。

每一個人總是站在自己的位置來看待這個世間，個世界的中心在哪裡？

世界的邊緣在哪裡？世界有中心，世界有邊緣嗎？

宇宙是有邊或是無邊？是大或是小？

或許我們有一連串的疑問，但是現在我們就看看星球吧！

看看無邊的虛空，把這樣無邊世界，把它變成像沙塵一樣那麼細，宇宙到底有多少沙塵？這無邊無際的沙塵到底有多少？我們實在難以計算，也難以理解吧！

於意云何？
是微塵眾寧爲多不？
一合理相分第三十

但是對佛陀而言，他完全清楚瞭解。

很多人會誤以為佛陀能一個一個這樣的計算，但什麼是微塵？多大叫微塵？多小叫微塵？像地球這麼大，在宇宙中卻又只是一粒微塵。

很多人在思維的時候，用自己的想法自己的執著自己的分別心來看待這一切。但是佛陀不是這樣來看待。

佛陀如果把這些微塵當作實有的，然後去計算，佛陀能計算出這些微塵嗎？或許有些人認為可以，或許有人認為不可以，但是，這些對佛陀而言卻是虛妄的。

甚多！世尊！何以故？若是微塵眾實有者，佛則不說是微塵眾。所以者何？佛說微塵眾，則非微塵眾，是名微塵眾。

一合理相分第三十

微塵並不是實有的，它是由條件所構成，由因緣條件所構成的，所以這些微塵對佛陀來講，他清楚明白，佛陀說這微塵那麼多，因為它是虛幻不實的，所以在因緣中顯現出來，在因緣中消失，但其實並沒有真正的微塵，所以佛陀說微塵非微塵，是名微塵。從一個微塵上去看是如此，那麼，如果把這些無邊的微塵合成一體呢？

三千大千世界可能是代表十億個星系那麼大的一個世界，把它變成一個無邊無際的大宇宙吧。把這些世界碎為微塵，這微塵是無量無邊的多。

如來所說三千大千世界，
則非世界，是名世界。何以故？
若世界實有，則是一合相，
如來說一合相，則非一合相，
是名一合相。

一合理相分第三十

為什麼是無量無邊的多？

因為佛陀知道這微塵是虛幻的，所以，在這緣起，在現在條件裡面說它是多，現在把這無量無邊的世界合成一體，把三千大千世界合成一體，我們說這是一個世界，但佛陀說，這個世界並非一個世界。為什麼？我們如果把這個世界當成是一個的話，它就是一個整合體，它不是沙塵，而是一個完完整整的整體，叫做三千大千世界，但如來說，這三千大千世界並不是一個整合相，如果執著它是一個完整的三千大千世界，就落入分別相。

我們現在看待這個世界的時候，其實它是「非一合相」，但現在我們把它當成一個世界，稱它為「一合相」。

須菩提！若人言：佛說我見、
人見、眾生見、壽者見，須菩提！
於意云何？是人解我所說義不？

知見不生分第三十一

在我們的生命裡，互相之間的指涉，我們要很清楚裡面是空的，
但是我們能夠這樣子來做指涉，來做思維，來做運作，卻沒有任
何的執著，才能在一切世界中得到自由，得到自在。

這世界所有林林總總，相互的指涉、相互的理解，本身卻沒有一
個不變的實質、本質在其中。在這其中，我們要能隨時拈起、隨
時放下。

當我們拿起一件衣服的時候，我們說：「我拿起了。」但事實
上，你拿起的可能是衣服的一點，你卻說拿起了整件衣服。你拿
起衣袖的時候，你也說是拿起了這衣服；你從扣子拿起衣服，也
說是拿起了這衣服。無論你是用兩根手指拿，還是用一隻手拿，
甚至是用腳拿，你都說是拿起整件衣服。

不也！世尊！
是人不解如來所說義。何以故？
世尊說我見、人見、眾生見、
壽者見，即非我見、人見、
眾生見、壽者見，是名我見、
人見、眾生見、壽者見。

知見不生分第三十一

所以，光是「拿起一件衣服」這句話，就有很多可以討論的。
事實上，任何我們所指涉的語詞，任何的名相本身，都不存在。
當我們不執著那個東西本身的時候，我們所談的事情是在因緣中
的流轉變化而已，那個東西是這樣清清楚楚明明白白的顯現。
一合相沒有一合相，所以稱為一合相。

須菩提！
發阿耨多羅三藐三菩提心者，
於一切法，應如是知，如是見，
如是信解，不生法相。

知見不生分第三十一

微塵很多，但根本沒有微塵數可得，所以我們稱為「微塵數」。
當我們在講任何事情的時候，在做任何討論的時候，如果心中都
沒有執著於那個事情，就能依事情的本質來談，而沒有執著，我
們在這中間就得到自在，在如中行來，如中行去。我們在談論一
切萬象的時候，這中間都是空的，無所從來無所從去，如中行
來，如中行去，如如一切事情就是這樣呈現的。

一個世界呈現各種可能樣貌，沒有一個樣貌本身是真實不變的，
所以，萬事萬物整個宇宙的一切現象，呈現了不可思議、無可窮
盡的一切的樣貌，分分合合、合合分分、大大小小、小小大大。
大小互融，互融大小，一切不可思議的種種變化，我們在任何一
個立場顯現它，卻不執著這個立場，這立場的顯現才是真實的。
我們在這裡面，沒有執著、沒有分別，自在的努力著，一切圓
滿，這就是如來。

須菩提！若有人以滿無量阿僧祇世界七寶持用布施，若有善男子、善女人發菩提心者，持於此經，乃至四句偈等，受持、讀誦，爲人演說，其福勝彼。

應化非眞分第三十二

我們隨時隨地拈起一物，隨時隨地解說一件事情，但卻不執著這個事情，因為這個事情的解釋或解脫，就是緣起裡面所顯現的，並沒有一個真實不變的客體，這樣在緣起裡面顯現本身是那麼清楚明白，所謂X即非X是名X，這是金剛經最美麗的交響曲，是宇宙顯現實相最佳的樂曲，也是讓我們自在圓滿的智慧之歌。

無論是大或是小，小與大互融，大小互融，小大互融，相互之間的互通，無窮的聯結，無窮的相應，無窮的變化，無窮的可能，不可窮盡，但一切卻清清楚楚、明明白白。所以，對任何覺悟者，一切的事情是那麼清楚明白，他是那麼清楚這個現象，每一個境界、每一個因緣事實，所有的條件都是空的。沒有迷惑，完全覺悟，這就是如來。

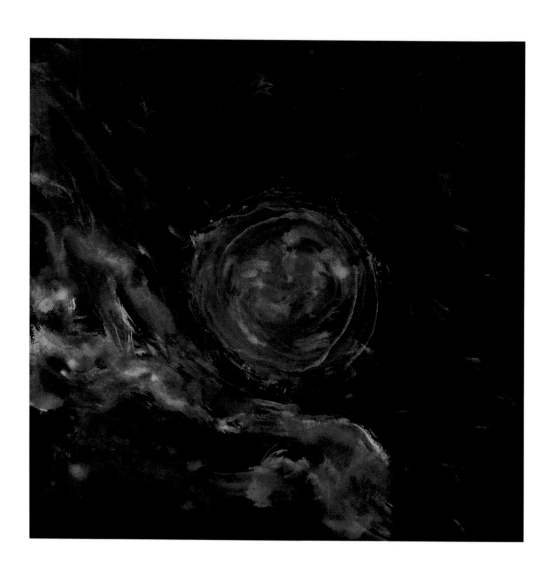

云何爲人演説？不取於相，如如不動。何以故？

應化非眞分第三十二

如來對一切相清清楚楚、明明白白、透透徹徹的了解，完全沒有執著，才能清楚明白，完全沒有污染，去想取、執著，所以他清淨自在。對宇宙中的一切相，沒有任何一絲一毫的執著，貪取。

諸相不可得，誰來取？

心也不可得，哪一個心可取？

境也不可得，哪一個境可取？

智慧也不可得，哪一個智慧去取？

慈悲也不可得，哪一個慈悲去取？

一切都是如此清楚明白。一切處，一切法界中的一切講法，一切有為現象都如同夢幻、水泡或幻影，實際是沒有東西可以得到的。如同朝露，也如同閃電，突然的出現，出現的當下也就這樣的寂滅。存在的同時也是存在的寂滅。

所以，既然你的存在不可得，那麼你的消失也不可得。生不可得，滅也不可得，無生無滅，但是我們在中間有執著，我們會執著它有生可得，有滅可滅。如此觀察法界的一切，我們的心也就得到完全的解脫，這就是如來。

一切有爲法，如夢幻泡影，
如露亦如電，應作如是觀！

應化非眞分第三十二

《金剛經》就是這樣一部金剛心的經典，它告訴你，你的心就是金剛，如同佛陀一樣，不可毀壞，只是你不知道而已，你的心從來沒有被破壞過。你認為這是你自己的心，但那不是，那是虛幻的分別、是一種執著。這只是一顆寶石上面的青苔，不是寶石自身。

你知道了這個，而你的心真實清淨，你自己的心，完全不可住、不可得，沒有任何染污，因為它就是那麼清淨。

當你聽到這部經，聽到的是你的金剛心，是佛陀從你的心裡面告訴你，你的心就是你不壞的心，就是最究竟、最圓滿的心。

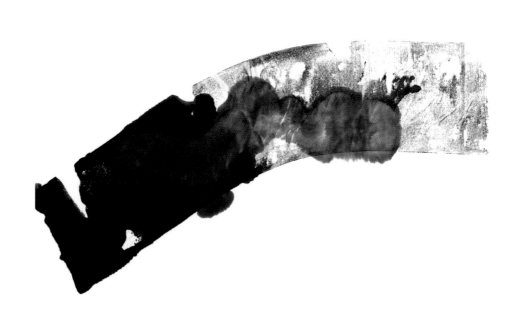

FOR2 21

送你一首智慧的歌
The Sutra of Diamond

圖、文：洪啓嵩
責任編輯：繆沛倫
美術編輯：何萍萍
法律顧問：全理法律事務所董安丹律師
出版者：英屬蓋曼群島商網路與書
　　　　股份有限公司台灣分公司
台北市10550南京東路四段25號11樓
email：help@netandbooks.com
http://www.netandbooks.com

發行：大塊文化出版股份有限公司
台北市10550南京東路四段25號11樓
TEL：886-2-87123898
FAX：886-2-87123897
讀者服務專線：0800-006689
email：locus@locuspublishing.com
http://www.locuspublishing.com
郵撥帳號：18955675
戶名：大塊文化出版股份有限公司

總經銷：大和書報圖書股份有限公司
地址：新北市新莊區五工五路2號
TEL：886-2-89902588
FAX：886-2-22901658
製版：瑞豐實業股份有限公司
初版一刷：2012年10月
初版二刷：2012年11月
定價：新台幣280元
ISBN：978-986- 213-374-3
版權所有 翻印必究
Printed in Taiwan

國家圖書館出版品預行編目

送你一首智慧的歌 / 洪啓嵩著.
-- 初版. -- 臺北市：大塊文化, 2012.10
面；　公分. -- (For2 ; 21)
ISBN 978-986-213-374-3(平裝)

1.般若部 2.佛教修持

221.44101019016